Mary, una niña aventurera, se embarca en una emocionante

expedición con su nuevo amigo, un perro al que llama Frau. Juntos exploran un paraíso natural, descubriendo cangrejos, garzas y otros animales exóticos. En su búsqueda del animal más extraordinario del mar, se sumergen en un mundo submarino de arrecifes de coral, enfrentándose a criaturas marinas fascinantes y desafíos inesperados. Su aventura les enseña muchas cosas sobre la naturaleza, la valentía y la amistad.

Valores Implícitos

Una historia en la que se destaca la curiosidad y el respeto por la naturaleza, mostrando la biodiversidad de un mundo submarino. Refuerza la valentía y la resiliencia al enfrentar lo desconocido, y acentúa la importancia de la amistad y el trabajo en equipo. Mary y Frau demuestran que, con coraje y compañerismo, se pueden superar grandes desafíos, enseñando a los niños y niñas a apreciar y cuidar nuestro mundo natural.

El animal más extraordinario del mar

© del texto y las ilustraciones: María Reátiga Urrea
© del diseño y corrección: Equipo BABIDI-BÚ

© de esta edición:
Editorial BABIDI-BÚ. 2024
Avda. San Francisco Javier, 9. 6ª. 23
Edificio Sevilla 2
41018 - SEVILLA
Tlfn: 912.665.684
info@babidibulibros.com
www.babidibulibros.com

Impreso en España
Primera edición: diciembre. 2024

ISBN: 979-13-87558-29-1
Depósito Legal: SE 2491-2024

el ANIMAL más EXTRAORDINARIO del MAR

MARÍA REÁTIGA URREA

Dormir en el límite, donde la densa selva se encuentra con el mar agresivo. Solo unas pocas horas de electricidad por la noche, para luego entregarnos a la oscuridad absoluta. Sonidos profundos adornaban la ausencia de luz: grillos, cigarras, serpientes, cangrejos, búhos y un sinfín de criaturas que compartían nuestro claro. En dos ocasiones, fuimos testigos de manadas de delfines atezados, saltando en un ballet sincronizado a nuestro lado, hechizándonos con su gracia. Peces de todos los colores y tamaños eran nuestros compañeros bajo el agua, y tiburones toro merodeaban estas aguas, pero frustré mis ansias de verlos. Ballenas recién paridas instruían a sus crías en el arte de nadar; conté al menos media docena de estos colosales seres. Sus lomos rompían la superficie, lanzando chorros de agua expulsada de sus pulmones a través de espiráculos. No pude resistir la tentación y me zambullí en el mar, ansiosa por presenciar su grandeza de cerca. Sin embargo, la lluvia de la noche anterior oscureció la visibilidad bajo el agua. Nadé con gran cuidado, tratando de acercarme cautelosamente a una madre y su cría, que parecían alejarse constantemente. Al cabo de unos minutos, sentí un empujón suave pero firme contra mí. Me volví y, a menos de dos metros de distancia, pude contemplar el encantador rostro de un ballenato. En mi memoria, me mira, aunque quizás sea solo una invención de mi imaginación. Nadé hacia atrás llena de temor, y el borde de una inmensa aleta pasó a menos de 30 centímetros de mí. La ballena me había alejado de su preciado retoño con protector recelo. Al entender su maternidad, mi alma conectó con la suya.

¡Cuánta gratitud siento por esta experiencia que ha embellecido mi vida!

Nuquí, esta historia es para ti.

¡Chao, papá! ¡Me voy a explorar!

¡Ah, estoy tan feliz, comenzará la diversión!

Oh, hola, perro. Me llamo Mary. ¿Y tú?

Bueno, en realidad me llamo María Margarita Susana Romero Cortés Suárez de Francisco, pero puedes llamarme Mary. Así me dicen mis amigos.

¿Y tú... tienes cara de Fabián, no? No, eres más bien como un Raúl o un Ignacio... ¡Ya sé! ¡Eres Fraulnacio! La mezcla de Fabián, Raúl e Ignacio, ja, ja, ja. ¿Te gusta, eh? Bien, te llamaré Frau.

¡Mueves la cola! Ya sabía que seríamos buenos amigos.

¡Tengo una idea!

¿Te gustaría ser un perro explorador?

¡Me encantaría tener un compañero de aventuras!

Solo mira este paraíso, Frau. ¡Hay tanto por descubrir!

Quebradas de río que vienen de la selva se meten entre las grandes rocas y atraviesan la playa hasta llegar al mar. A lado y lado, multitudes de cangrejos rojos salen de sus huecos y hacen pequeñas bolitas de arena para filtrar y comer el plancton que queda atrapado entre granos. En la orilla hay rastros de movimientos de pequeños caracoles y huellas de pájaros de distintos tamaños.

Mira el horizonte, pequeñas islas de formaciones rocosas parecen flotar en el mar y, pintadas de blanco por el color de sus habitantes, son hogar para cientos de garzas.

¡Vamos, Frau, que comience la misión!

Bien, te contaré de qué se trata. ¡Es una verdadera misión imposible! ¿Estás listo? Aquí va... ¡Debemos encontrar al animal más extraordinario del mar! ¿Qué tal?

¡Ah! ¿Pero qué dices, Frau, te parece que no lo lograremos? ¡Vamos, compañero, estás conmigo y sabes bien que soy una verdadera experta en el tema! ¡Y tú, mi fiel amigo, eres un buen luchador, lo que no está de más en caso de que nos encontremos con un megalodón gigante! ¿Ah?

Amigo mío, tienes la cara pálida. Si no te conociera pensaría que estás asustado. Pero el gran Frau, el can más valiente de mar y tierra, no se asusta. ¡Es a ti a quien le temen hasta las serpientes más venenosas! Por supuesto que vencer a un kraken no es tarea difícil para ti. ¿O no es así?

¡Mira, Frau, llegamos! Esta pequeña piscina de agua que forman las rocas nos servirá para ir entrando poco a poco. La marea ruge con estruendo hoy y arremete contra la orilla. Debemos ser precavidos.

Dejaré aquí sobre esta roca mi bitácora de exploradora.

¿Qué es esto? ¡Un montón de cangrejos ermitaños! ¡Extraordinario!

¿Sabes que a medida que crecen, cambian su concha por una más grande? Cogen la concha que más les gusta y dejan la suya para un compañero más pequeño. ¡Ellos sí que saben compartir, eh!

¡No muerdas mis dibujos, Frau! No seas impaciente, te los mostraré al final, cuando dibuje al ser más misterioso que jamás se haya visto.

¿Te imaginas? Seguro tendrá enormes tentáculos que terminan en pinzas para atrapar y despedazar. ¡Ojos inquietantes que esconden todos los secretos del océano! Tal vez una fuerte armadura para guardar su gelatinoso interior. Su rostro será espantoso y en la boca se dibujará una sonrisa aterradora y burlona, con varias hileras de colmillos enormes. Y no te olvides de su piel; tendrá un color tan descomunal que para pintarlo tendré que mezclar por lo menos tres de mis crayones. ¿Crees que se alimenta de personas? Estoy ansiosa, amigo. ¡No puedo esperar para descubrirlo!

¡Espera, Frau, no puedes lanzarte así! Siempre eres muy apresurado, compañero, y comparto tus emociones, pero debemos prepararnos primero. Recuerda que el océano puede ser un lugar peligroso y es importante mantenernos seguros en todo momento. Debemos tener en cuenta la corriente del agua, la temperatura y la visibilidad para elegir el equipo adecuado y planificar nuestra inmersión.

Nadaremos a través de hermosos paisajes coralinos y nos adentraremos en cuevas nunca antes exploradas para llegar al lugar único y recóndito donde vive nuestro animal.

Una vez que estemos listos, nada nos detendrá. Podremos ver con nuestros propios ojos las maravillas que se esconden en las profundidades del océano y, juntos, descubriremos sus más insondables secretos.

Veamos, en mi mochila creo tener el equipo necesario:

• Una buena fuente de energía,

• Un arma, por si acaso,

• Lentes de visión especializada para misiones de mar ultrasecretas.

Suerte que tengo dos de estas, amigo. Vamos, te ayudaré a ponerlas. Les pondré un intercomunicador para que podamos hablar y listo. Este equipo será suficiente. ¡Ahora sí, que comience la misión!

¡Qué hermoso arrecife de coral, amigo mío! Tengamos cuidado de no tocarlo porque podríamos lastimarlo. Es un ecosistema frágil.

¿Escuchaste eso, Frau? Me parece a mí que suena como
una lucha fatídica. ¿Será cierto lo que ven mis ojos?

Es un gran mero Goliat luchando contra un enorme bogavante. Este mero es un pez inmenso que puede llegar a crecer más de dos metros de largo. Su boca es de tamaño descomunal. Observa sus ojitos tan pequeños y redonditos. Vive en lugares como este, donde puede encontrar pequeños peces y pulpos para alimentarse. También se alimenta de crustáceos, como este bogavante.

¿Sabías que un bogavante es una langosta con pinzas aterradoras? Una de ellas la utiliza para cortar, y la otra está especialmente diseñada para triturar. Nadie puede escapar de su poder. Pero lo que más me gusta de él son sus hermosos colores vivos que brillan bajo el mar y combinan con los colores coralinos.

Míralo pelear contra el mero. ¿Quién será el vencedor de esta épica batalla? ¿Cuál de estas dos criaturas será más extraordinaria? Ambas son dignas de tener una página en mi bitácora. ¿No lo crees así, amigo?

¿Qué es lo que veo más allá?

Frau, este espécimen que flota al final del arrecife no lo conocía. Parece ser un pariente del gran cameroceras que rondaba estos mares hace millones de años. Esta misión es más difícil de lo que imaginaba, compañero.

Creo que una vez leí acerca de él. Se llama nautilus y es un verdadero fósil viviente. Ver uno de estos es extremadamente raro; somos muy afortunados.

No te acerques mucho, amigo mío, no sabemos si este ejemplar puede lanzarnos una tinta peligrosa. Lo mejor es verlo desde un escondite. Ven, esta cueva cercana parece un buen lugar, Frau. Si miras arriba de la cueva, se alcanzan a ver muchos cangrejos y peces coloridos. Merodean la orilla de las pequeñas islas que veíamos desde la playa. Hasta veo una tortuga. ¿La ves tú también, amigo mío? ¿Crees que el nautilus se quiera comer a estos peces o tal vez quiera comerse al bogavante también?

Nunca creí que esto fuera posible, camarada. Un tipo de calamar dentro de una concha que vive en la misma época que nosotros... Lo único que falta es que aparezcan dinosaurios. ¿Eh?

¡Fraulnacio, mira esto! Hay una gran variedad de peces que se esconden aquí: flautas, globos, ballestas y loros. ¡Qué diversidad, amigo, es todo un ecosistema!

Frau, mira más allá: ¡Una gran anguila amarilla sale de un rincón de la cueva y, al otro lado, sobre la superficie interna de la roca, hay un hermoso pulpo! ¡Uno de mis animales favoritos, compañero! Los cefalópodos son tan inteligentes y curiosos... Cefalópodo significa «cabeza-pies». Pulpos, calamares y sepias son animales cuyos cuerpos son cabeza y tentáculos. El nautilus también es un molusco de esta familia, pero es el único cefalópodo que aún existe con una concha externa.

¿Has escuchado la leyenda del kraken? Se trata de una criatura cefalópoda mitológica que simboliza los secretos más peligrosos del mar. El gran terror de los navegantes de los mares del norte era que esta criatura pusiera sus gigantescos tentáculos sobre su embarcación y con fuerza la destruyera. Pues esto era lo que más le gustaba hacer a este enorme animal, que era algo así como un calamar gigante. ¿Te imaginas que nos encontráramos con un calamar de las profundidades? Mi corazón se llena de adrenalina solo de imaginarlo. Me imagino que el tuyo también, mi valiente amigo.

¿Hacia dónde vas, compañero? El misterio nos llama en lo profundo de la cueva, y no hacia el lado contrario. Ven conmigo. Sigamos explorando. Por ahora, tengo una lista de candidatos para el título que buscamos, pero no he dado con el ganador. ¿Qué opinas tú? ¿Cuál de todos te parece el animal más extraordinario del mar?

¡Frau, qué hermoso! Aquí, en lo profundo de la cueva, hay un montón de erizos y estrellas de mar que recubren las paredes. No vayas a tocar a ninguno, amigo. Algunos pueden ser venenosos. Mira, veo una luz; la cueva parece tener una salida por otro lado. Nos tocará nadar en contra de la corriente un poco, pero vamos a intentarlo. No te dejes vencer, amigo, dame una pata.

¿Qué es lo que ven mis ojos, compañero? Mira... Una manada de delfines negros que nadan en mar abierto. Ellos eran los que estaban generando la corriente. Están felices, Frau, se mueven a gran velocidad y nos rodean con bailes y saltos. ¡Fraulnacio, esta es la mejor experiencia de mi vida! Solo te puedo agradecer a ti, amigo mío, por esa gran valentía que has mostrado y por tu apoyo. Tú me has impulsado a explorar estos mares.

¿Alcanzas a escuchar el sonido que hacen? Se siente muy profundo.

¡No son los delfines, Frau, el sonido viene de una ballena jorobada y de su cría! La manada de delfines se rompe formando un círculo alrededor de ellas.

Justo cuando pensaba que el día no podía mejorar.

Estas hermosas ballenas nadan hacia tierras cálidas año tras año para aparearse y para tener a sus bebés. Mira este, nada más, no creo que este ballenato tenga más de una semana de haber nacido. Su carita y sus aletas aún son rosaditas. Cuando las mamás ballena tienen a sus crías, deben enseñarles a nadar: empujan a sus bebés a la superficie con sus grandes aletas pectorales para que puedan respirar. Son unas mamás muy pacientes, poco a poco este ballenato irá creciendo y, en una semana más, seguro estará tan cómodo con sus aletas que hasta estará dando saltos por fuera del agua. Otro par de semanas más y los dos regresarán al polo sur, donde viven por el resto del año.

¿Nadamos hacia lo profundo, amigo? Es cierto que se ve oscuro, sobre todo en mar abierto, pero hemos visto tantos seres extraordinarios que no quiero parar de explorar. Solo espero que no veamos muchos tiburones grandes, compañero. Esos sí me aterrorizan un poco. Aunque las probabilidades de encontrarnos con estos son muy bajas.

A ti, en cambio, no te asustan, ¿verdad, amigo?

Estoy segura de que tú podrías vencerlos. Haces caras chistosas cuando menciono a los tiburones.

¡Quita ya esa cara, parece que hubieras visto un verdadero monstruo!

¡No es un monstruo, son tres! Ochocientos cuarenta y un dientes filosos de tres tiburones monstruosamente aterradores. Quédate quieto, amigo. Nos vieron, es demasiado tarde para huir. Debemos mostrarles calma. Los tiburones son atraídos por movimientos repentinos y desesperados como ese que estás haciendo con tu cola, compañero.

Frau, vienen a atacarnos. Tú eres muy fuerte y valiente, pero estás en desventaja en número. No creo que puedas contra esos tres. ¡Es el fin!

El gran placer de mi vida ha sido compartir contigo. Con estas palabras me despido: tu valentía me inspiró desde el momento en que te conocí. Fraulnacio Romero Cortés Suárez de Francisco, audaz, temerario e intrépido; gran can explorador. Así te habría recordado la historia de no ser por este fin inesperado. Adiós, mi fiel amigo, adiós mundo.

¿Fra... Frau? ¿Estás vivo, Frau? ¡Huye cuanto antes! Es tarde para mí. Ya me atraparon.

«Guau, guau».

Vete ya. Sálvate y cuéntale al mundo nuestra historia. Vete, ve, ve...

¿Ves lo mismo que yo?

Frau Ignacio, los tiburones toro se están yendo. Sí, así se llaman. Su nariz ancha y más bien corta, y su cuerpo robusto los hacen parecer toros marinos. Algunos expertos dicen que esta puede ser la especie más peligrosa de tiburón. Sus espeluznantes mandíbulas lo confirman, y su conducta agresiva paraliza.

Ahora nos queda un interrogante aún más aterrador por resolver: ¿Por qué se van los tiburones y qué pudo ser tan espantoso como para hacerlos huir? Sea lo que sea, amigo, creo que es mejor que no lo descubramos. Regresemos a tierra firme cuanto antes.

¿Qué estás esperando, Frau? ¿Por qué te quedas quieto y qué es esa gran mancha negra que se acerca lentamente?

¡Tentáculos espinosos! Pero si es un calamar vampiro del infierno. ¡Menudo nombre! Ja, ja, ja...

Mi audaz compañero de aventuras, deja ya esa cara paralizada. Como sabes, estos misteriosos cefalópodos de color borgoña solo se alimentan de nieve marina y de pequeñas especies como plancton animal. Aunque su tamaño no es muy grande, su aspecto sí es realmente aterrador. Solo mira esos ojos grandes y brillantes y esos tentáculos cubiertos de proyecciones en forma de espinas.

Ja, ja, ja, me río de recordar cómo esos cobardes tiburones huyeron espantados al verlo.

Solo tú y yo, mi amigo, que somos los verdaderos expertos, sabríamos que este molusco, que ha existido desde la época de los dinosaurios, es realmente inofensivo. Verlo en persona es una verdadera fortuna, ya que la mayoría del tiempo están en las profundidades.

Definitivamente, tú sabes mucho, Frau. Con razonamiento y calma decidiste no moverte para no asustarlo. Eres un compañero legendario, otro perro habría quedado inmóvil pero del terror.

Bueno, Frau, creo que ya tengo mi ganador. Volvamos a la playa a través de la cueva.

Gracias, amigo mío. Te quiero mucho. Esta experiencia junto a tu amistad ha sido más extraordinaria que todos los animales que vimos.

Espero que esta historia te haya cautivado. Me basé en uno de mis viajes a Nuquí, una ciudad del Pacífico colombiano. Tenía ocho años la primera vez que fui, pero desde entonces he vuelto un par de veces y te confieso que este lugar nunca deja de maravillarme.

No he nadado con todas las especies que menciono en este libro y que merodean las aguas de Nuquí, pero sueño con hacerlo algún día (incluyendo al gran tiburón toro). Si eres tan curioso como yo, apreciarás esta lista de los animales de la historia que te dejo a continuación:

¿Conocías a todos estos animales? ¿Sabes en qué parte del libro aparecen?

¿Cuáles de ellos crees que Mary mezcló para hacer su dibujo final?

Para ti, ¿qué fue lo más extraordinario de la historia?

—¡Ufff! —dijo mamá—, descifremos esta etiqueta. El azúcar es lo primero... ¡qué mal vamos! Y más abajo dice jarabe de glucosa y fructosa. ¿Sabes que esas palabras terminadas en «-osa» son azúcar también, pero con otro nombre?

Entonces mamá me explicó que, si lleva solo el 20 % de jugo de frutas, eso es solo un poquito en la caja y el resto es todo agua azucarada.

—Vaya rollo —dije, entristecido con mi zumo favorito.

Mamá dijo entonces:

—Piensa, ¿qué pasaría si compráramos una naranja y la exprimimos en casa para merendar un zumo?

Así lo hicimos. Al exprimir la naranja y ponerla en mi vaso, solo había naranja. Ni agua ni azúcar agregada (solo la que tiene la naranja y es buena), ni colorantes ni conservantes. Más simple, más rica, más saludable.

—Decidido: zumo en casa y galletas horneadas con mamá, a las que agregamos plátano, miel y canela.

El resultado: la mejor merienda y un rato muy divertido con mamá haciendo galletas.

Teo lo tuvo claro: «No comeré lo que quieran venderme, y yo decidiré lo que quiero comer», se dijo.

Desde entonces, Teo se siente más fuerte, y solo compra alguna vez meriendas en el supermercado, pero no siempre. ¿Has buscado la lista de ingredientes de una naranja?, ¿y de un plátano?